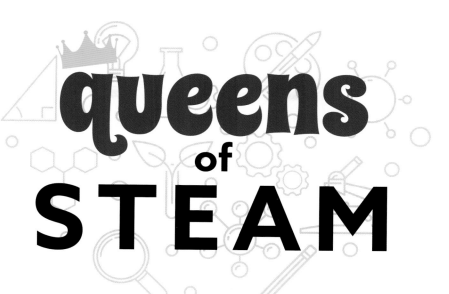

queens of STEAM

La Dra. Kizzmekia Corbett

La viróloga que cambió el mundo

por Mari Bolte

9781223187532 Español, tapa blanda
9781223187549 Español, libro electrónico
9781223187501 Inglés, tapa dura
9781223187518 Inglés, tapa blanda
9781223187525 Inglés, libro electrónico

Publicado por Paw Prints Publishing
PawPrintsPublishing.com
Impreso en China

¡En el Glosario de la página 29 encontrarás las definiciones de las palabras que aparecen en negrita en el texto!

"La gente intentará decirte quién debes ser. Tienes que recordar quién eres en todo momento".

–Dra. Kizzmekia Corbett

Su reino: las ciencias biomédicas

La Dra. Kizzmekia Corbett es científica. Estudia cómo responde el organismo a los **virus**.

La ciencia al rescate

Estamos en enero de 2020. La ciudad de Wuhan, China, está en confinamiento. La gente está enfermando. Muchos mueren. Nadie conoce la causa.

Pronto se descubre la causa: Es una **enfermedad** llamada COVID-19 (enfermedad por coronavirus 2019). Al llegar marzo, la enfermedad se ha extendido por todo el planeta. Nadie sabe qué hacer ni cómo pararla. ¡El mundo necesita la ayuda de un científico! Aquí entra la Dra. Kizzmekia Corbett.

Wuhan es una gran ciudad del centro de China. El COVID–19 comenzó allí y se extendió rápidamente por todo el mundo.

La Dra. Kizzmekia creció en una zona rural
del norte de Carolina del Norte.

La "reina" de la investigación biomédica

La Dra. Kizzmekia Shanta Corbett nació el 26 de enero de 1986. Creció con su madre, padrastro, hermanastros y varios **hermanos de acogida** en la pequeña ciudad de Hillsborough, en Carolina del Norte.

Incluso los reinos pequeños crean grandes reinas.

El "Kizz" en el nombre de la Dra. Kizzmekia procede del personaje "Kizzy" del libro "*Roots*" (*Raíces*) de 1976. La madre de la Dra. Kizzmekia agregó "mekia" como su propio toque creativo.

Cuando era pequeña, la Dra. Kizzmekia era bondadosa. Un día le preguntó a su mamá si una amiga podía vivir con ellos. Esta amiga no lo pasaba bien en casa y no tenía adónde ir después de la escuela. Esta amiga sería la primera de los muchos niños de acogida que los Corbett recibieron en su casa.

La Dra. Kizzmekia sabía que quería una carrera que le permitiera ayudar a la gente. Su sueño era convertirse en la primera mujer negra en ganar el **premio Nobel** de Medicina. Su maestra de cuarto grado, la Sra. Bradsher, alentó ese sueño.

La "Reina" Curie

Marie Curie fue la primera mujer galardonada con un premio Nobel. También es la única mujer que ha ganado dos veces. Curie estudió la radioactividad, la energía que se desprende de ciertos **elementos**. Los rayos X y otros instrumentos médicos utilizan elementos radiactivos. Su trabajo sirvió para salvar vidas.

La Dra. Kizzmekia hizo prácticas durante dos veranos en la Universidad de Carolina del Norte, en Chapel Hill, mientras estudiaba en la escuela secundaria.

Cuando la Dra. Kizzmekia tuvo edad para trabajar, obtuvo unas **prácticas** en un programa llamado Proyecto SEED. El Proyecto SEED ofrece a los estudiantes con bajos ingresos experiencias en el campo de **STEAM** en la vida real. Pueden trabajar con científicos y en laboratorios de investigación.

Ahora, por fin podía hacer preguntas y obtener respuestas de científicos de verdad.

Más de 12 000 alumnos han participado en el Proyecto SEED. Comenzó en 1968. Está dirigido por la Sociedad Química de América.

En 2004, la Dra. Kizzmekia obtuvo una **beca** completa para la Universidad de Maryland en el condado de Baltimore. Participó en el Programa Meyerhoff Scholars, que apoya a los estudiantes de las minorías que desean obtener títulos superiores en STEAM. Los profesores destacaron su esfuerzo y entusiasmo.

Como estudiante, la Dra. Kizzmekia estudió un tipo de **bacteria** que causa la escarlatina en humanos. También trabajó como **técnica de laboratorio**. En 2006, pasó el verano trabajando en los Institutos Nacionales de Salud (National Institutes of Health, NIH). Allí conoció a un científico: el doctor Barney Graham.

Cuando la Dra. Kizzmekia conoció por primera vez al Dr. Graham, él le preguntó qué quería hacer. Ella lo miró directamente a los ojos y le dijo: "Quiero su trabajo". ¡Eso es, Dra. Kizzmekia!

La Dra. Kizzmekia estudió ciencias biológicas y sociología. Ambas materias forman parte de la "S" de STEAM, que representan las ciencias.

La Dra. Kizzmekia terminó la universidad en 2008. Fue la primera persona de su familia en obtener un título universitario. Continuó trabajando durante los veranos en los NIH hasta 2009, pero su educación aún no estaba completa. Lo siguiente era el doctorado. ¡Al fin y al cabo, "doctora" sonaba muy bien!

Más de 30 000 estudiantes acuden a Chapel Hill, la Universidad de Carolina del Norte.

El camino a la realeza:
Cómo llegó a ser la Dra. Corbett

La Dra. Kizzmekia cursó estudios de doctorado en Chappel Hill, la Universidad de Carolina del Norte. Allí estudió el dengue, una enfermedad que transmiten los mosquitos tropicales. No existen medicamentos ni **vacunas** para combatirlo. La Dra. Kizzmekia quería saber cómo afectaba a los niños.

A lo largo de la historia ha habido muchas "reinas del STEAM" de las ciencias biomédicas. ¡Mary Wortley Montagu trabajó en vacunas contra la viruela en el siglo XVIII!

La Dra. Kizzmekia vio que no todo el mundo tiene la misma respuesta a los virus y a las vacunas. Comprender estas diferencias puede ayudar a los científicos a encontrar soluciones que funcionen para todos.

Herramientas de una "reina viróloga"

Los virólogos estudian los virus que afectan a los seres vivos. Aprenden a identificar, tratar y prevenir esos virus. Hay muchas herramientas del oficio que facilitan su trabajo.

- Los tubos de ensayo se utilizan para cultivar y estudiar cómo cambian los virus con el tiempo.
- Los microscopios hacen que los virus y bacterias diminutos sean lo suficientemente grandes como para poder verse.
- Las máquinas de reacción en cadena de la polimerasa (PCR, por sus siglas en inglés) pueden hacer rápidamente muchas copias de pequeños fragmentos de ADN. Ayudan a los científicos a detectar enfermedades y crear vacunas.
- Los autoclaves utilizan vapor para esterilizar los equipos de laboratorio.

En 2014, la Dra. Kizzmekia obtuvo su doctorado en microbiología e inmunología, y el Dr. Graham le dio un trabajo en los NIH. Allí estudió vacunas para dos **coronavirus** diferentes. Uno fue el síndrome respiratorio agudo severo (SRAS, por sus siglas en inglés). El otro fue el síndrome respiratorio de Oriente Medio (MERS, por sus siglas en inglés). Hubo un brote de SRAS de 2002 a 2003. El MERS se notificó por primera vez en 2012.

Los NIH empezaron como un laboratorio de una sola habitación a finales del siglo XIX. Ahora son centros de investigación médica de vanguardia.

Existen muchos tipos de
coronavirus en general.
Algunos son leves, otros
son mortales. La mayoría
de las personas contraen *algún* tipo
de coronavirus a lo largo de su vida. El
virus se propaga al toser, estornudar y
por contacto.

A las 6 de la mañana del 31 de diciembre
de 2019, la Dra. Kizzmekia recibió un correo
electrónico del Dr. Graham.
"Prepárate para 2020",
escribió. Había
aparecido un nuevo
coronavirus. Y estaba
causando COVID-19.

A menudo se invita a la Dra. Kizzmekia a eventos
para hablar de su vida y su trabajo, incluido el
"Almuerzo Power 100" de Joanna Coles en 2021.

Cronología del COVID

Diciembre de 2019: Los primeros casos de COVID-19 se registran en Wuhan, China.

Marzo de 2020: Un crucero atraca en San Francisco, California. Los pasajeros a bordo están enfermos con COVID-19.

Marzo de 2020: El mundo se paraliza. Las escuelas cierran y la gente empieza a trabajar desde casa.

Junio de 2020: Algunos estados de EE. UU. comienzan a reabrir. Los casos se disparan.

Enero de 2021: Estados Unidos bate el récord de muertes por COVID-19, con una semana de más de 3 300 al día.

Finales de 2022-principios de 2023: Una "tripledemia" de COVID-19, gripe y virus respiratorio sincitial (VRS) circula por los Estados Unidos.

La molécula de COVID-19 es extremadamente pequeña.
Solo puede verse con microscopios especiales, como
los microscopios electrónicos de barrido.

La "reina" vs. el "corona"

La creación de una vacuna puede llevar mucho tiempo. Sin embargo, los científicos de todo el mundo utilizaron sus conocimientos sobre coronavirus para desarrollar una rápidamente. COVID-19 era similar al SARS. Todo lo que la Dra. Kizzmekia ya había aprendido sería muy útil.

Los coronavirus están cubiertos de **proteínas**. Las proteínas parecen una corona de pinchos. Esto es lo que da al virus su nombre.

La Dra. Kizzmekia dirigió un equipo de científicos. Trabajaron con una empresa llamada Moderna. Moderna está especializada en la investigación del **ARNm**. La Dra. Kizzmekia trabajó con ARNm para crear la próxima generación de vacunas, una de las cuales ayudaría con el brote de COVID-19.

¿Cómo funciona el ARNm?

El ARNm se descubrió por primera vez en los años sesenta. Para los años setenta, los científicos vieron que el ARNm podía transportar vacunas a las células. Todos los seres vivos se componen de células. La vacuna le indica a las células del cuerpo que fabriquen anticuerpos. Los anticuerpos combaten la enfermedad. El ARNm se descompone una vez que ha cumplido su función. Las vacunas de COVID-19 son las primeras vacunas de ARNm utilizadas en el público en general.

En 2020, más de 20 millones de estadounidenses dieron positivo en la prueba de COVID-19.

Una vacuna parecía muy lejana, pero era la única forma de reabrir el mundo. La Dra. Kizzmekia se sintió presionada. Su equipo siguió trabajando rápidamente en una vacuna que fuera fiable. Su trabajo salvaría innumerables vidas.

En marzo de 2020, el presidente Donald Trump y el Dr. Anthony Fauci visitaron los NIH. La Dra. Kizzmekia les hizo una visita guiada. El presidente Trump le hizo preguntas y observó el trabajo que su equipo había realizado hasta entonces. Tres días después, firmó un proyecto de ley. Ese proyecto de ley reservó $8 300 millones para las ayudas de emergencia COVID-19. Alrededor de 3 000 millones se destinaron a las pruebas de vacunas, la creación de vacunas y tratamientos.

En 2022, una pista de "*Jeopardy*" decía: "La Dra. Kizzmekia Corbett dirigió el equipo que creó la vacuna contra el COVID–19 de esta empresa fundada en 2010".

La Dra. Kizzmekia recibió al Presidente Joe Biden y al Dr. Fauci en su laboratorio en 2021.

Diez días después de la firma de esta ley, el equipo de la Dra. Kizzmekia comenzó los ensayos clínicos de una vacuna comprobable. Fue el desarrollo más rápido de una vacuna de la historia. La Dra. Kizzmekia se aseguró de que las personas que participaron en los ensayos procedieran de diferentes entornos. Era importante que todas las personas estuvieran representadas, independientemente de su edad o raza.

En aquel momento, se estaban produciendo y probando más de 140 tratamientos y vacunas diferentes. La primera vacuna de la historia para COVID-19 se le administró a una enfermera en Nueva York el 14 de diciembre de 2020. La fabricación de esta vacuna corrió a cargo de Pfizer, un competidor de Moderna, la empresa con la que trabajaba la Dra. Kizzmekia. La vacuna Moderna estuvo lista solo una semana después de la vacuna de Pfizer. Se enviaron seis millones de dosis a todo el país. Tenían el sello de aprobación real de la Dra. Kizzmekia.

La Dra. Kizzmekia habló en la Conferencia para las Mujeres de Massachusetts de 2022, en la que los ponentes debaten "los temas que más importan a las mujeres".

La corona perdura

La Dra. Kizzmekia recibió una lluvia de premios por su participación en la vacuna Moderna COVID-19. También recibió muchas ofertas de trabajo. En 2021, ella y su prometido, Lumas Helaire, se mudaron a Boston para que ella pudiera aceptar una oferta de trabajo en la Escuela de Salud Pública Harvard T. H. Chan. ¡Ahora, estar preparada para la próxima pandemia es lo primero en su lista de tareas pendientes!

En 2020, la Dra. Kizzmekia se describió a sí misma en una entrevista. La "reina" proclamó: "Soy cristiana. Soy negra. Soy sureña, soy **empática**. Soy luchadora, atrevida y moderna".

La Dra. Kizzmekia tuvo muchos mentores y buenos maestros. Ahora, *ella* es la mentora. Cree que todo el mundo debe sentir que forma parte de su corte. "Es importante que la gente no solo sienta que pertenece al laboratorio, sino también que se escucha su voz", ha dicho. Todos los años participa en conferencias, dirigiéndose a las próximas "reinas" de STEAM.

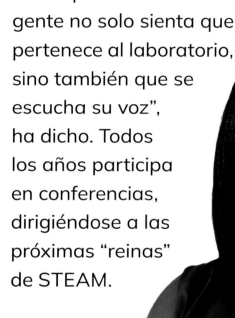

Su ciudad natal, Hillsborough (Carolina del Norte), ha declarado el 12 de enero de 2021 el día de la Dra. Kizzmekia "Kizzy" Corbett.

El campo de la ciencia puede ser de alta presión. Pero la Dra. Kizzmekia sabe que los jóvenes pueden manejarla. Solo tienen que estar preparados.

"Si crees que te interesa [el campo de STEAM], solo tienes que empezar", ha dicho. "Hay programas de prácticas, hay programas de becas, hay programas de preparación profesional interactiva... que pueden ayudarte a comenzar". Primero, averigua si te gusta. Aprende todo lo que puedas. Después, ¡ve a por ello!

La Dra. Kizzmekia no ha ganado el premio Nobel... *aún*. ¡Pero todavía queda mucho tiempo!

Cuestionario

1. El COVID-19 llegó a Estados Unidos en:
   A. diciembre de 2020
   B. diciembre de 2019
   C. enero de 2020
   D. mayo de 2021

2. Una vacuna de ARNm le dice al cuerpo que produzca:
   A. proteínas
   B. anticuerpos
   C. enfermedades
   D. tanto B como C

3. El primer trabajo de la Dra. Kizzmekia fue:
   A. prácticas en un laboratorio científico
   B. cocinar hamburguesas
   C. asistente personal
   D. viróloga

4. La Dra. Kizzmekia se especializa en:
   A. el resfriado común y el COVID-19
   B. microbiología e inmunología
   C. análisis de laboratorio y virología
   D. redacción de subvenciones y respuesta a virus

Respuestas: 1) C; 2) B; 3) A; 4) B

Glosario

bacterias (bac-TE-ri-as): grupo de organismos unicelulares; algunos pueden causar infecciones y enfermedades en seres vivos

coronavirus (co-ro-na-VI-rus): grupos de virus que causan enfermedades en aves y mamíferos

enfermedad (en-fer-me-DAD): una afección

elementos (e-le-MEN-tos): sustancias básicas que no se pueden cambiar o descomponer en partes más pequeñas

empático (em-PÁ-ti-co): persona a la que le resulta fácil reconocer y comprender cómo se sienten los demás

hermanos de acogida (her-MA-nos DE a-co-GI-da): niños sin hogar que se alojan con una familia durante un periodo de tiempo

prácticas (PRÁC-ti-cas): experiencia laboral que se ofrece a los alumnos y les proporciona formación en el puesto de trabajo para sus futuras carreras profesionales

técnico de laboratorio (TÉC-ni-co DE la-bo-ra-TO-rio): alguien que ayuda a los científicos con la investigación, las pruebas y los experimentos

ARNm (a - erre - ene - EME): llamado "ARN mensajero", es un grupo de ácidos que transportan información dentro de las células

Premio Nobel (PRE - mio NO - bel): un premio anual concedido a personas que han realizado trabajos importantes en las ciencias, la literatura y en la búsqueda de la paz

proteínas (pro - te - Í - nas): sustancias que se encuentran en todos los seres vivos que ayudan al cuerpo a funcionar correctamente

beca (BE - ca): un premio concedido a los estudiantes para ayudar a pagar su educación

STEAM (pronunciado *stim*): los campos de Ciencia y Tecnología, Ingeniería, Artes y Matemáticas; la virología es parte de la ciencia

vacunas (va - CU - nas): un tipo de medicamentos que una vez dentro del organismo provocan la producción de anticuerpos para proteger al cuerpo de enfermedades específicas.

virus (VI - rus): pequeños organismos que pueden infectar a las células y causar enfermedades

ACTIVIDAD

Comparte el conocimiento, no los gérmenes

El COVID-19 afectó la vida de todos. Otra pandemia podría hacer lo mismo. Elige un tema de la siguiente lista y luego crea un póster para compartir lo que has aprendido.

- ¿Cómo infecta un virus a una persona?
- ¿Cómo se propaga un virus?
- ¿Cómo se combate la propagación de un virus?
- ¿Qué es el COVID-19?
- ¿Cómo actúan las vacunas contra el coronavirus?
- ¿Qué lugar del mundo luchó mejor contra el COVID-19? ¿Cómo lo hicieron?
- ¿Cuál fue la cronología del COVID-19 desde el primer caso hasta hoy?

ACTIVIDAD

¡Es hora de celebrar!

La Dra. Kizzmekia Corbett no es la única científica con un día oficial. El Día de los Científicos se celebra todos los años el 14 de marzo. Es el cumpleaños de Albert Einstein. Aun si todavía no es marzo, puedes difundir información sobre increíbles avances científicos y los científicos que hay detrás de ellos.

- Elige un científico (la Dra. Kizzmekia es una muy buena opción para empezar).
- ¿Cuándo vivió? ¿Dónde? Aprende más sobre sus vidas y cómo se interesaron por el campo de STEAM.
- ¿En qué campo trabajan? ¿Cómo utilizan STEAM todos los días?
- ¿Cómo han contribuido al mundo de la ciencia?
- ¿Cómo sería el mundo sin su contribución?
- Utiliza lo que has aprendido para crear una presentación para compartir con los demás. Dibuja un cartel o crea una presentación de diapositivas. Haz un panfleto, construye una maqueta o escribe un discurso.

Índice